AF243463

# LE VIEUX CRI DE LA FRANCE

## ET

## le Patriotisme nouveau

———〜〜〜〜———

Français, nous avons une mère commune; aujourd'hui, vous l'appelez la patrie, moi je l'appelle la France. Oui, la France est ma mère, c'est elle qui m'a nourri, c'est elle qui m'a élevé, c'est elle qui a grandi mon âme par l'exemple de ses héros, de ses martyrs, de ses saints que je trouve jusque sur le trône.

Que l'Allemand, le Russe, le Turc, l'Indien, le Chinois appelle son pays du nom qui lui plaira, je le veux bien ; mais moi, fier du titre de ma mère, je l'appelle la France. C'est la plus féconde, c'est la plus belle ; son époux s'appelle le Roi! Ensemble, que d'hommes de guerre, de littérateurs et de poëtes, que d'orateurs ils ont engendrés ! C'est par milliers qu'ils se jouaient sur son large sein. Honorée et respectée, elle était l'arbitre de la paix et de la guerre ; ses manières et son langage étaient recherchés dans toutes les cours : c'était la France et rien ne valait la France !...

Epouse fière mais modeste, puissante mais fidèle, elle aimait passionnément son Roi, le Roi aimait passionnément sa France, et c'est Dieu qui les a unis par des liens si étroits qu'ils n'étaient qu'un corps et qu'une âme. Leur diadème était le plus beau, le plus heureux pays, formé tout entier au vieux cri de vive le Roi !

Mais voilà que la Révolution, cette hydre nouvelle et toujours renaissante, vient le plonger dans un chaos ténébreux. On voit des frères s'armer contre des frères, le fils contre le père, et le sang couler à flots. Un jour, jour néfaste, elle donne la mort au royal époux et ravit à la France son beau nom. On ne connut plus de vaillants Français, on ne voulut que des *patriotes* ; et ces enfants dénaturés, après avoir déchiré le sein de leur mère, lacéré ses contrats de croyance et de gloire, allèrent chercher ailleurs la forme et le nom de leur exécrable et nouvelle institution : le pays fut la patrie ; le gouvernement, la République ; et la pauvre France, déchirée, demeurait anéantie dans sa douleur et son effroi.

Cependant, au loin, une de ses fidèles provinces, que des traits étrangers n'avaient jamais blessée, chez qui l'hérésie n'avait jamais amolli la noblesse des âmes, ne put accepter de pareils forfaits. On blasphême son Dieu, elle l'adorera sans crainte et avec plus d'amour ; on veut chasser ses prêtres, elle les gardera. Le sang de son Roi, elle le vengera ; elle jurera de délivrer l'enfant, son jeune souverain qui gémit dans un infâme cachot ! Et la voilà debout, toute en armes ; pour conserver sa vieille France, ses constitutions et ses lois, elle fera des efforts surhumains ; victorieuse, elle pardonnera à ses ennemis, elle renverra les prisonniers ; vaincue, elle criera vive le Roi, quand même ; anéantie, elle triomphera ! Les autels et le trône seront relevés. La France, encore par un Bourbon, renaîtra, pansera ses plaies et grandira. Au vieux cri de vive le Roi, elle ira châtier des barbares, planter la croix au rivage africain, et enrichir l'ancien diadème d'une nouvelle et riche conquête. C'est la Vendée qui conserva le vieux levain de la fidélité à Dieu et au Roi, de l'honneur et de la bravoure. Gloire à ces fiers enfants de la France !

La nouvelle patrie serait noire de deuil, si elle n'était rouge de sang : que va faire la République, que vont tenter les grands patriotes ? La guerre, ils le peuvent encore ; la France a laissé de valeureux soldats ; on peut les jeter sur l'ennemi, ils ne reculeront pas, trop souvent ils ont vu la victoire pour craindre la défaite !

Cependant, citoyens patriotes, qu'avez-vous fait pour la gloire de la République? Quelles conquêtes avez-vous inscrites? Il vous manquait un homme, vous étiez sans chef... Cet homme, je le vois poindre à l'horizon. Avec cette armée, il aura des succès ; l'Egypte, l'Italie les ont enregistrés. Mais le cœur de cette armée, je le demande de nouveau, qui l'avait formé? Qui lui avait inspiré l'amour du combat? Qui avait élevé le jeune Bonaparte? La vieille France encore!...

La République est fière de ce fracas des armes; elle vante ses conquêtes; c'est le premier de ses chants : qu'elle se hâte de le répéter, car il sera le dernier! Oui, la République va dévorer ses auteurs; la Révolution est infidèle. En effet, le vainqueur arrive. Pour le flatter et se l'attacher, on lui concède une partie du pouvoir. Mais ce jeune favori de la victoire a fait d'autres rêves, il n'aime pas les partages, il ne veut ni patriotes, ni citoyens : il ne lui faut que des soldats, et des soldats soumis !

O France ! tu n'étais qu'une grande famille avec ton Roi, ton père ! Ses meurtriers vantaient leur patriotisme et leur courage. Leur République devait être immortelle, et déjà la voilà dominée, anéantie. Ils ne savent édifier ni défendre leur nouvelle patrie. Elle a déjà un maître, maître rude et bouillant. Cependant, pauvre vieille France, Napoléon connaît ton cœur et tes regrets. Pour tromper tes souvenirs et les siens et t'entraîner dans son rêve d'ambition et de gloire, il anoblit tes enfants, et s'ils meurent, ils meurent glorieusement. Il va te donner des lois et te rendre ton culte.

Ton amour des armes, il le satisfera. Des batailles toujours, des combats toujours ! C'est un héros, un grand guerrier, rien ne l'arrête ; ce ne sont pas des provinces qu'il veut conquérir, ce sont des royaumes et des empires. Le calme règne à l'intérieur ; au bruit de ses victoires, les grands sacrifices qu'il implore semblent légers. Pourtant, il faut toujours des hommes ; peu importe, on les donne. Mais, exaltée par tant de succès, son ambition domine son génie. La victoire lui est moins fidèle, il s'irrite et va attaquer Dieu lui-même. Rome est la reine du monde catholique : il veut y régner en maître et en pontife ; son fils ne sera pas seulement l'empereur des Français, mais encore le Roi de Rome. Tels sont ses pro- jets insensés !

Voilà que les vieux trônes ébranlés se relèvent, les haines s'amoncèlent, l'étoile du fier conquérant va pâlir ; le cœur du pays est envahi ; Napoléon est tombé !

Et pourtant quel homme de guerre ? Il avait le génie des batailles, il était l'amour du soldat, mais, il n'aimait pas la France. Il n'aima que lui-même, il voulut dominer le monde entier, et vous direz avec moi qu'il ne connut pas le vrai patriotisme.

Et de ce grand éclat des armes que reste- t-il ? Où sont ses conquêtes ?

Malheureuse France, tu pleures tes enfants généreux ! Séduite un instant par la gloire, comme tes regrets sont amers ! La honte te dévore, car le palais de tes Rois abrite les vainqueurs. Mais il te reste la foi ; tu pries, tu invoques le Ciel : Espère ! Le Dieu puissant te donnera un nouveau Sauveur, tu reverras ton époux et ton Roi.

Cependant, on peut tout craindre; jamais le péril n'avait été aussi grand. La France, épuisée d'hommes et d'argent, ne pouvait lutter contre des ennemis si nombreux et si courroucés. Elle n'a plus de chef et sera peut-être démembrée .. Mais non ! son ancien prestige, sa sève et sa puissance d'autrefois seront son salut.

La renommée publiera les grandes victoires de Napoléon, elle exaltera son grand génie, elle dira que le bruit de ses armes fut semblable à ces ouragans qui agitent la nature et l'épouvantent pour la laisser, après leur passage, au milieu de la destruction et des ruines dans la tristesse la plus amère et le plus effrayant silence.

Pourtant qui pourrait envisager froidement la fin malheureuse de ce fier capitaine ? Qui pourra, sans verser des larmes, lever ses yeux vers le ciel, et ne pas plaindre ce nouveau César si brusquement tombé sous les terribles arrêts portés contre l'orgueil et l'ambition ?

La colère de Dieu est apaisée.

O mon pays ! tu espérais, réjouis-toi ! La République née dans le sang a disparu, l'Empire est tombé, tu vas redevenir la France. Voilà ton Roi, comme toi il ne meurt jamais. L'exil et les tourments ont grandi son amour. Déjà, l'on entend le vieux cri de résurrection, de vie et d'espérance...

Moins qu'aujourd'hui, sans doute, on ne savait pas bien s'il existait encore un Roi, de cette race que la Révolution avait voulu détruire. Des royalistes, on n'en trouvait plus, la République avait massacré tous les fidèles serviteurs du Roi martyr, et les enfants, braves comme leurs pères, étaient morts sur les champs de bataille, frappés par le fer ennemi.

Mais à peine un Bourbon a-t-il touché le sol de la France, que ses entrailles tressaillent d'allégresse et de joie, le vieux cri s'échappe de toutes les poitrines ; l'enthousiasme est à son comble ; c'est un délire ; le retour est une marche triomphale ; le drapeau blanc est arboré, les édifices publics en sont couverts, les maisons en sont pavoisées.

Il faut traiter avec un ennemi victorieux. Le Roi a oublié l'exil, et la France, quoique meurtrie, est aussi fière que jamais. La paix est conclue et l'étranger repasse la frontière.

La restauration est faite ; la France a retrouvé son royal époux, ses blessures sont cicatrisées, la rançon est payée, les impôts sont légers, le peuple est heureux, notre armée est puissante. La France et son Roi peuvent aller porter la paix et à l'Espagne et à la Grèce et malgré l'opposition de ses fiers vainqueurs de la veille, je l'ai déjà dit, le vrai chevalier, le vieux roi Charles X, envoie fièrement la flotte et l'armée planter, avec la croix du Christ, le drapeau de la France sur le rocher d'Alger. Grande conquête qui, en rendant à la mer toute sûreté, donnait la sécurité au commerce, et ouvrait tout un horizon de gloire et de prospérité. C'était un acte de la France royale et chrétienne ; elle avait voulu châtier, mais elle voulait surtout civiliser et rendre à ces peuples égarés la foi qui sauve et régénère.

La révolution, avec son patriotisme nouveau, n'avait pu arrêter deux invasions, elle avait été impuissante à conserver nos colonies, et cependant le plus grand homme de guerre des temps modernes avait dirigé ses armées. Quinze ans à peine de calme et de tranquillité ont suffi à la France pour rétablir sa grandeur passée, et au vieux cri de Vive le Roi ! ses soldats victorieux étonnent l'Europe par leur valeur et leur succès.

La République n'existe plus, mais la Révolution vit toujours, et sous une autre forme, sous prétexte de patriotisme, elle va, lâche et ténébreuse, s'insinuer dans les esprits. Elle appelle despote le plus loyal, le meilleur des Rois et vient lui disputer le droit que lui donnait la constitution, d'établir son autorité sur des bases plus fermes, afin d'enrayer le désordre et d'ouvrir au bien des voies plus larges et plus sûres. Le vieux Roi, fort de sa conscience et de son amour de la France, ne veut pas céder à la Révolution. Sans ambition personnelle, il ne tient pas à l'autorité ; il l'offrira à son successeur s'il ne peut gouverner en père. Et sans pudeur, pendant que l'armée est encore au champ d'honneur, la Révolution se hâte de briser le sceptre victorieux du monarque sans défenseurs.

Elle déchire à Paris le drapeau qui flotte à Alger, pour reprendre son emblême, rappelant les crimes de 1793, et une trop longue série de malheurs. Mais, plus timide cette fois, tout en rejetant les principes, elle sauvera les apparences et les formes.

Cependant, plutôt que de faire couler le sang des enfants de la France, le preux Roi reprend le chemin de l'exil. Couvert de son glorieux drapeau, il emmène sa famille et son petit-fils, le duc de Bordeaux, l'enfant du miracle ! et le montrant à sa France tant aimée : Voilà ton Roi, dit-il en son âme, pour toi il sera le rameau de paix et de salut, l'exil lui rendra sa France plus chère ; loin de l'agitation des partis, il ne connaîtra que son pays dont il sera le sauveur et la gloire. Adieu !

Ainsi partit le vieux Roi, emportant les regrets de tous les cœurs vraiment français, et nous laissant l'espérance qui nous soutient encore aujourd'hui.

Les réformateurs, disons mieux, les démolisseurs, fabriquent un Roi d'un nouveau genre, c'est le Roi des Français. Et eux s'appellent des Constitutionnels, des parlementaires libéraux ! Mais ne nous attardons pas davantage ; avançons vers notre but ; le vieux cri ne se fait plus entendre ; la Révolution vit à l'aise, elle ne cherche plus ni la gloire, ni les conquêtes, elle enfante le matérialisme. Et bientôt les démolisseurs, cédant à leur génie révolutionnaire, détruisent leur propre ouvrage ; le gouvernement de juillet est renversé.

Le pouvoir d'un Napoléon s'établit encore sur les ruines d'une République assez bénigne, cette fois. Elle n'était apparue que pour se donner un maître, et ce maître, étranger à la France, il faut en convenir, ne fut point un vrai patriote. D'un grand nom par la guerre, souvent il a tenté le sort des batailles avec succès. Nés par les armes et pour les armes, les Napoléon sont la verge des nations ; il leur faut du sang et toujours du sang ; ils sont le châtiment et ne furent jamais la récompense d'un peuple. Personnellement, il fut généreux, il se créa des serviteurs dévoués. Le matérialisme l'avait apporté, il le développera ; sans aimer le peuple, il le flattera, il en fera son souverain : je veux, dit-il, ne régner que par lui ! Grande habileté, si la sagesse humaine pouvait diriger les nations. Mais Dieu est jaloux de ses droits, on ne peut longtemps les méconnaître impunément. Sept millions de suffrages ont reconnu Napoléon III, ses lois et son pouvoir, et Dieu l'a confondu par des désastres et des défaites que l'histoire n'avait encore jamais enregistrés.

L'émeute arrive. En peu d'heures, des citoyens, épris du patriotisme nouveau, se proclament eux-mêmes chefs et sauveurs de la patrie. Ils sont le gouvernement, le gouvernement tout entier. Mais déjà l'ennemi a envahi une partie du territoire, l'armée est prisonnière, la capitale menacée : que vont-ils faire ? Vont-ils se recueillir, rejeter les fautes de la guerre sur celui qui est tombé, et chercher à apaiser l'ennemi ? Non, ils sont administrateurs, guerriers, diplomates ; des difficultés ils n'en aperçoivent et n'en redoutent aucune ; ils proclament la République ; ce nom *magique* doit tout sauver ! Réformateurs, ils démolissent. L'administration n'est pas républicaine, ils vont la changer ; ils n'ont pas d'hommes, peu importe, ils vont en créer ! Cependant Paris est entouré, l'ennemi est là ; mais rien n'arrête la frénétique ambition de ces avides patriotes.

Le gouvernement est scindé ; une partie s'enferme dans la capitale, l'autre se rend à Tours ; bientôt le plus hardi, le plus entreprenant, après avoir soufflé le feu de son patriotisme, ne craint pas de se confier à une nacelle aérienne, il arrive à Tours, il veut former une armée et délivrer Paris ; il s'agite, il décrète la levée en masse, il fait des plans

de bataille et dirige nos meilleurs généraux;
on ne sait, en vérité, comment il peut suffire
à tout ce qu'il entreprend. Il appelle la victoire, elle le fuit; l'ennemi s'avance, tout
cède à ses coups, et Strasbourg, Metz, Paris,
ouvrent leurs portes. Nous sommes vaincus,
il faut traiter enfin....

La France, éperdue, affolée, à la vue de
tant de désastres, oubliant son vieux cri
sauveur. avait accepté ces républicains, sans
protester, et de bons généraux, de véritables
hommes de guerre, dans la crainte de plus
grands désordres, obéissaient à ce gouvernement improvisé. Ils aimaient leur pays, ils
le voyaient malheureux, faisant taire leurs
affections et leurs craintes, ils porteront l'amour de la France jusqu'à l'obéissance aveugle
envers ces insensés orgueilleux, aussi ignorants qu'incapables.

Enfin l'heure fatale était sonnée, il fallait
traiter. Un membre de ce gouvernement se
croit l'esprit assez délié pour arracher à l'ennemi vainqueur les conditions d'une paix
avantageuse. Ils avaient dit, ces hommes, en
prenant le pouvoir, que *pas une pierre de nos
forteresses, pas un pouce du territoire ne*

*seraient enlevés à la France,* qu'ils sauraient tout reconquérir.

Le dénouement les fit malheureusement trop mentir  Que seront les traités? ce qu'ont été les armes. Tout est perdu. Les fiers et redoutables ennemis n'accordent aucune confiance à ces ministres *patriotes* qui, pour eux, ne représentent pas la nation. C'est ici que la comparaison est frappante: Le vieux cri d'autrefois arrête et modère la colère de l'Europe, liguée contre la France ;  elle la respecte et n'ose la démembrer ;  les patriotes ne peuvent arrêter une seule puissance ; inhabiles à conserver le territoire, il faut encore qu'ils donnent des trésors pour obtenir la paix... cette paix, combien durera-t-elle ?

Mais assez sur ce terrible épisode. Napoléon était encore un fils de la Révolution, un ambitieux qui avait sacrifié la France à son amour de lui-même. Et ce gouvernement de la Défense nationale, qu'était-il ? révolutionnaire au premier chef, personnel et ambitieux, les faits l'ont assez démontré.

Le salut de notre pays, où faut-il le chercher, chez nos ennemis ? Ce sont eux qui, par pitié pour nous et par intérêt pour eux, vont forcer la nation à se recueillir. Ils exigent

qu'elle nomme des mandataires pour traiter de ses intérêts. Des députés sont appelés, ils arrivent et se réunissent, et là encore, à Bordeaux, disons-le avec douleur, nous ne rencontrons dans un trop grand nombre que le patriotisme républicain et rien d'un véritable amour du pays.

Au lieu d'appeler un sauveur et de redonner à la France son véritable époux, notre père à tous, ils se croient eux-mêmes de force à traiter avec un ennemi puissant, ils s'estiment assez habiles pour guérir des plaies si profondes, faites par tant d'épreuves à notre malheureuse nation. Une paix douloureuse est signée et la République reste provisoirement. C'est toujours la Révolution, toujours ce patriotisme nouveau qui domine ; ce n'est plus le vieil amour de la France. Autrefois, on savait mourir pour Dieu et le Roi et là où n'était pas Dieu, là où n'était pas le Roi, là sûrement n'était pas la gloire de la France !...

Un chef est donné au pays, il est petit, mais très grand, dit-on ; son habileté saura tout diriger ; il a des paroles satisfaisantes pour tous, il plaît, il est agréé, et personne ne songe que c'est au plus forcené démolisseur de notre époque, qu'on va confier la reconstruction de ce grand édifice ébranlé jusque dans ses fondements.

Cependant, des hommes véritablement dévoués à leur pays s'inquiètent et réclament, ils aiment la France et comprennent qu'elle n'est pas sauvée, ils s'agitent et travaillent, ils font des compromis, mais on les trompe, tout est encore perdu, tout au moins, rien n'est sauvé.

Le grand entrepreneur de la guerre à outrance, par patriotisme toujours, s'était enfui, il est à l'étranger, et les patriotes, à Paris, vont tout mettre à feu et à sang.

La paix ramène notre malheureuse armée. Elle comptait sur un repos dont elle avait grand besoin et la voilà condamnée à se battre encore, non plus contre des étrangers, mais contre des ennemis bien plus redoutables; contre ceux qui, se disant de vrais patriotes, ne sont que des incendiaires et des assassins. Malgré tous ces malheurs, personne n'est éclairé, chacun a confiance en lui-même; le volcan révolutionnaire a vomi sa lave, on le croit apaisé pour longtemps; c'était le dire du président, le grand citoyen. Il avait abattu des cèdres il tombe lui-même et sans tempête. Etait-il patriote? Non, mais ambitieux et parfait égoïste.

On va demander à l'armée un chef désintéressé, mais ce chef ne connaît que la consigne, il devait rester sept ans, il veut, mais ne peut les atteindre. Avait-il ce que j'appelle le véritable amour du pays ? non, il ne le comprit pas ainsi. Il n'était épris que du patriotisme nouveau. Appartenant à la vieille France, il eut été un héros s'il eut crié : Dieu et le Roi !

Enfin la rotation est faite. Le fugitif de Bordeaux est revenu, ses sacoches bien chargées ; le voilà puissant, il peut commander en maître et commander sans crainte, il n'est pas responsable ; sa poitrine en s'élargissant, est devenue plus patriotique, son cœur plus gros peut aimer davantage, il est plus sensible. Il fait revenir, les grands patriotes, ses anciens amis. Par son organe, il réclame encore ceux qui restent sur le sol étranger, pour eux il réclame tout oubli, tout pardon, que dis-je pardon, reconnaissance absolue.

Que d'hommes ont passé devant nous, que de patriotisme dit-on dépensé, et notre malheureux pays est toujours inquiet, cherchant en vain la liberté promise, la sûreté qu'il attend. Un gouvernement ne peut donner que ce qu'il possède, la liberté est fille de la puissance et de la force, la sûreté découle du même principe.

Dieu seul est grand, seul dans l'amour de son Christ il a pu trouver ces mots sublimes de liberté, d'égalité et de fraternité que la République, dans son orgueil insensé, est venue prendre pour sa devise ; mais la liberté qu'elle donne n'est que le désordre ou l'esclavage ; l'égalité c'est l'ambitieux repu, le pauvre repoussé et mourant dans l'ombre ; la fraternité, où peut-on la rencontrer ? Sans Dieu et sans cultes, il n'y a plus de famille: le père ne reconnaît plus son sang ; le fils qu'il a engendré il ne le voit pas naître ; une épouse, il n'en a pas ; libre, il ne connaît que la femme libre; où donc dans ce désordre des coutumes voulez-vous retrouver des frères ?

La religion pourrait encore tout réparer, le baptême, en purifiant les hommes, les fait tous enfants de Dieu, tous enfants de la grande famille royale du Christ. Mais de la religion on n'en veut plus, le Christ on n'y croit pas. La république adore un seul Dieu, ce Dieu, c'est la déesse Raison et les adorateurs sont nombreux, ils s'appellent radicaux, socialistes, républicains, opportunistes, libéraux ; tous adorent la raison, pour tous elle est le seul principe de conduite et de gouvernement.

Les lois de Dieu, les décisions de l'Eglise n'ont de valeur qu'autant qu'elles leur conviennent et qu'ils les approuvent. Oui, la révolution est partout et depuis près d'un siècle, elle règne en souveraine et sur les trônes et sur les peuples.

A la vue de tant de désordres et d'aberrations, nous sommes saisis de crainte et nous cherchons le salut. Le salut est dans l'adoration de Dieu, dans l'amour du Christ, dans l'obéissance à l'Eglise, dans la foi aux contrats, des peuples et des rois, dans le souvenir efficace de la grandeur de la vieille France, cette fille aînée de l'Eglise si généreuse et si fidèle ; le salut est dans le Roi qu'un miracle nous a donné, qu'un miracle nous rendra !....

Oui, Dieu nous rendra notre France avec son royal époux, le vieux cri de vive le Roi ! retentira encore triomphant et nous ne périrons pas....

La Révolution, par ses crimes et ses longues persécutions a grandi l'Eglise et réveillé le catholicisme. Quelles figures que celles de Pie VI et de Pie VII, que d'amour et de dévouement leur captivité inspira pour l'Eglise. Ce fut le réveil. Mais combien plus grande encore fut celle de Pie IX, le grand persécuté , le martyr de la révolution ; ses douleurs et ses angoisses lui attachèrent tous les cœurs, tous les bras se tendaient vers lui pour le consoler, le défendre et le sauver ; martyr indomptable, docteur universel et fécond, il montre toutes les voies à suivre, il éclaire les peuples sur leurs devoirs, il définit l'autorité, il en montre la source pure et directe, il rend sacré celui qui en est revêtu.

Le ciel semble s'ouvrir à la prière de ce saint pontife. Le Sacré-Cœur de Jésus avait apparu à Paray-le-Monial, Rome bénit et met sur les autels l'humble fille qui l'avait vu dans ses célestes extases ! Aussitôt la France entière lui est consacrée par ses évêques ; de toutes parts on court à ce sanctuaire, l'image du Sacré-Cœur brille sur toutes les poitrines ; on la porte comme une égide. Français, catholique, nous la prendrons comme suprême armure, pour résister et vaincre dans les rudes combats dont la Révolution nous menace.

La Vierge Marie descend sur la terre, elle fait des prodiges pour ranimer la foi. La Salette, Lourdes, Pontmain, et bien d'autres lieux bénis, attirent des légions de pélerins. Plus Dieu est outragé, plus l'Eglise est persécutée, et plus les démonstrations des chrétiens sont nombreuses et énergiques. On attaque l'instruction religieuse et jamais les communautés n'ont eu plus d'élèves, jamais elles n'ont été plus vénérées et mieux défendues.

Le grand Pape a proclamé le dogme de l'Immaculée-Conception, il assemble un concile et proclame l'infaillibilité du chef de l'Eglise.

Ainsi sont réunis comme en un faisceau les pasteurs et les peuples. Plus de gallicanisme, plus de nuances nationales dans la croyance. Que de grâce, de vie et d'espérance !

Allons, soldats du Christ, courage et confiance, l'Eglise a triomphé dans la persécution, la persécution régénère la France, elle la fera triompher....

Abandonnons le matérialisme et l'excès du bien-être qui nous tue, devenons des hommes de cœur, repoussons les doctrines perverses sans concession et sans peur. Si, dans sa rage et son délire, la Révolution veut nous arracher notre Dieu et souiller nos âmes, prendre nos familles et nos biens, si elle veut détruire notre pauvre France, défendons-nous vigoureusement et sans crainte. Elle sera vaincue, car son patriotisme ne vaut pas le vieux cri d'autrefois !....

CATHELINEAU,

Château du Mesnilet, près onancourt (Eure).